AF483060

M. L. MICHAUX-BELLAIRE

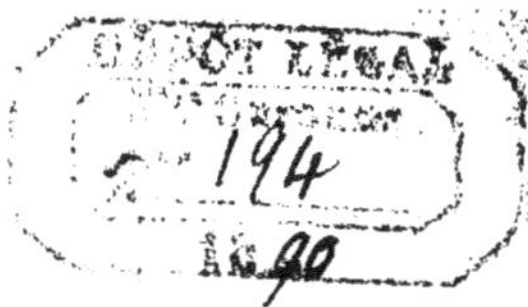

CONSEILLER A LA COUR DE CASSATION,

ANCIEN PRÉSIDENT DE L'ORDRE DES AVOCATS AU CONSEIL D'ÉTAT

ET A LA COUR DE CASSATION.

NOTICE

PAR

M. J^h LEFORT

AVOCAT AU CONSEIL D'ÉTAT ET A LA COUR DE CASSATION

PARIS

ERNEST THORIN, ÉDITEUR

Libraire du Collège de France, de l'École normale supérieure,
des Écoles françaises d'Athènes et de Rome
de la Société des Etudes historiques

7, RUE DE MÉDICIS, 7

1890

M. L. MICHAUX-BELLAIRE

M. Michaux-Bellaire, conseiller à la Cour de cassation, ancien président de l'Ordre des avocats au Conseil d'État et à la Cour de cassation, est décédé à Paris, le 22 août 1890.

Sa mort est une perte cruelle pour la Cour suprême où l'avait appelé son seul mérite ; elle causera une véritable douleur à ses nombreux amis.

M. Louis-Léon Michaux-Bellaire naquit à Strasbourg le 12 mai 1827. Son père, qui fut longtemps un avocat distingué avant d'entrer au Conseil de préfecture du Bas-Rhin, le destina au barreau, à la sortie du Collège royal de Strasbourg. Il fit, à la Faculté de droit de cette ville, des études très sérieuses sous la direction de MM. Aubry et Rau, amis de son père, qui ne cessèrent de témoigner à leur ancien élève la plus grande bienveillance.

Licencié le 12 août 1847 (1), il conquit le 18 janvier 1851 le diplôme de docteur avec une thèse fort remarquable (2).

A peine reçu, il se fit inscrire au barreau de sa ville natale (novembre 1851). Sous le patronage de son père, qui jouissait d'une réputation méritée de droiture et de savoir, M. Michaux-Bellaire, ne reculant lui-même devant aucune peine et doué des dons les plus heureux, arriva bientôt à prendre une situation en vue. Suivant la tradition paternelle, il tenait à choisir ses causes et à n'accorder son

(1) Sa thèse (de 79 pages grand in-8°) portait sur *La compensation et la confusion* en droit civil français, le titre *De compensationibus* en droit romain, et sur les *Causes de nullité des arrêts du conseil de préfecture* en droit administratif. La partie consacrée au droit civil est naturellement la plus étendue. En parcourant cette œuvre de début, on voit qu'elle fut rédigée avec soin, et que l'auteur ne cherchait pas à remplir une simple formalité.

(2) Le titre est le suivant : *Dissertation sur l'adoption, d'après les principes de la législation romaine et du droit civil français, l'endossement (droit commercial), les maximes : le pavillon couvre la marchandise, et la robe d'ennemi confisque celle d'ami (droit des gens).* Strasbourg, 1851, 175 pages grand in-8°. La thèse de droit romain atteste une rare connaissance des textes et des auteurs allemands. Dans les thèses de droit français, l'auteur se montre soucieux de tenir compte, non seulement des enseignements de la doctrine, mais encore des solutions fournies par la jurisprudence.

appui qu'aux clients dignes d'intérêt ; mais lorsqu'il avait accepté une défense, il s'y donnait de tout cœur : les pièces du dossier étaient très minutieusement étudiées, la question du procès était examinée sous ses différentes faces. Poussé par la nature de son esprit autant que par ses fortes études, sans négliger le fait, il savait élever le débat et il ne craignait pas d'aborder la discussion du droit.

Les professeurs de la Faculté résolurent d'attacher à l'Ecole leur ancien disciple ; bien que dépourvu du titre d'agrégé, il fut nommé professeur suppléant provisoire ; l'enseignement du droit romain lui fut confié (1852-56). Une semblable désignation avait son prix : elle mettait à côté des maîtres éminents qui professaient alors à Strasbourg, MM. Aubry, Rau, Hepp, Eschbach, Rauter, etc. M. Michaux-Bellaire était digne de ce choix : non seulement aucune des parties du droit ne lui était étrangère, mais ayant complété ses connaissances juridiques en Allemagne, à Heidelberg, au cours de Vangerow, il était devenu un véritable romaniste. Son enseignement fut rapidement apprécié. Le jeune suppléant avait les qualités voulues : la patience pour les recherches, la sagacité pour la mise en œuvre des notes recueillies, le talent d'exposition et le don de la persuasion. M. Michaux-Bellaire n'abandonna pas le barreau pourtant (1) ; au prix d'un labeur opiniâtre, en prolongeant ses veillées fort avant dans la nuit, en renonçant à presque tous les plaisirs de son âge, il réussit à faire face aux occupations du Palais et à celles de l'Ecole.

La situation qu'il avait à Strasbourg ne répondait certainement pas aux efforts qu'elle exigeait. Aussi il écouta les conseils qui lui furent donnés d'entrer au barreau de la Cour de cassation. Le 15 mai 1857 il prit place dans l'Ordre. Il succédait à M. Frignet qui avait lui-même remplacé M. Bonjean lorsque ce dernier entra dans la vie politique. Ce changement de carrière créait à M. Michaux-Bellaire des devoirs nouveaux. Une énergique volonté, soutenue par une grande ardeur, une rare souplesse d'intelligence, la fécondité d'un esprit alerte et surtout un fonds très étendu de connaissances lui permirent d'y faire face. Sous son impulsion, malgré la mutation, le cabinet conserva le renom que M. Bonjean avait su lui donner et la confiance fut maintenue au nouveau titulaire. C'était justice.

(1) C'est ainsi qu'en 1852 il fut appelé à présider la Conférence des avocats ; en cette qualité, il prononça, le 30 novembre 1852, le discours de rentrée ; il le consacra à un essai sur le barreau romain. Son étude se lit avec intérêt et plaisir, car elle résume une foule de renseignements puisés à des sources diverses, et elle est écrite d'une plume vive et spirituelle. Elle a été imprimée sous ce titre : *Conférence des avocats de Strasbourg : discours prononcé à la séance de rentrée, du 30 novembre 1852, par M° L. Michaux-Bellaire, président.* Strasbourg, 1852, brochure in-8° de 15 p.

L'instruction des affaires était menée avec le plus grand soin. Les mémoires étaient mûrement élaborés; ils n'étaient écrits qu'après un dépouillement du dossier fait d'une façon sérieuse, la plume à la main, et après la réunion de nombreuses notes condensant le résultat des recherches. M. Michaux-Bellaire avait l'esprit trop lucide pour se contenter d'à peu près ou pour admettre l'obscurité. Ses mémoires étaient rédigés dans un style sobre mais très clair, et avec une précision qui ne laissait rien à désirer. D'autre part, il n'omettait ni aucune pièce, ni aucun document se rapportant à la cause, pas plus qu'il ne laissait de côté un argument susceptible d'être invoqué. Il attachait la plus grande importance à ce travail écrit : il estimait que l'avocat doit, tant aux convenances pour le juge qu'à sa conscience à l'égard du client, produire un mémoire complet et scrupuleusement étudié.

A la barre M. Michaux-Bellaire était un adversaire redoutable. Il était calme, simple et parfaitement maître de sa plaidoirie. Toujours prêt, il ne sollicitait pas de remise ou de sursis Chaque affaire était plaidée après un examen prolongé, non seulement de la décision à attaquer ou à défendre, mais bien de toutes les pièces. M. Michaux-Bellaire aurait pu se borner à reprendre son mémoire, tant la cause y était bien exposée; il ne s'en contentait pas. Il préférait revoir tout le dossier, compulser de nouveau les auteurs et les recueils d'arrêts. Bien préparé pour la lutte, il lui était facile de fournir les éclaircissements nécessaires; les objections qui se produisaient pour la première fois à l'audience ne le trouvaient pas désarmé. La discussion était ferme, claire et constamment courtoise. Convaincu que les longs plaidoyers ne servent à rien, M. Michaux-Bellaire s'attachait à être court; sans rien négliger, sans rien omettre il trouvait le moyen de restreindre ses observations orales aux limites convenables. Aussi sa plaidoirie était considérée comme fort utile. Elle était écoutée avec plaisir : on suivait sans effort le développement de l'idée posée d'une façon judicieuse; la parole était facile et élégante; l'expression juste venait toujours; ennemi de la phrase et de l'emphase, il recherchait principalement la clarté et la simplicité; néanmoins, lorsqu'il le fallait, il savait faire preuve d'une réelle chaleur.

Ses qualités furent appréciées. Désireux de récompenser « vingt-cinq années de la profession, marquées au coin d'un talent toujours égal à lui-même et de la plus parfaite honorabilité (1), » la Cour de Cassation demanda et obtint du Garde des sceaux la croix de cheva-

---

(1) Mazeau, *Discours à l'assemblée générale des avocats au Conseil d'État et à la Cour de cassation, du 10 août 1881.* Paris, 1881, p. 8.

lier de la Légion d'honneur (18 janvier 1881) (1). D'autre part, le
Ministère de l'intérieur crut devoir faire appel à ses lumières et lui
donna place au sein de la Commission administrative de la Maison
nationale de Charenton. Enfin, ses confrères n'hésitèrent pas à le
mettre à leur tête ; sans avoir rien fait, uniquement par son talent,
par la dignité de son caractère et par son respect méticuleux pour
les règles de la profession , M. Michaux-Bellaire se vit conférer, le
9 août 1882, la dignité de président de l'Ordre. Fier de son titre
d'avocat, il aimait le barreau d'une affection profonde, née du souve-
nir de cordiales relations, des succès qu'il y avait trouvés, de la satisfaction que ses confrères lui avaient procurée en lui accordant leurs
sympathies dans une foule de circonstances ; l'une de ses joies les
plus vives fut celle que lui procura cette élection faite à l'unanimité
des membres présents (2). Ce fut pour lui comme une consécration
de son talent, de l'estime de ses confrères.

Cette nomination trouva le nouveau président en mesure d'exercer
la charge qui lui était confiée. A plusieurs reprises, en effet, il avait
été appelé à faire partie du Conseil de l'Ordre (3), rendant les plus
grands services « soit dans les délibérations, où il apportait le con-
cours de son expérience et de son jugement calme et réfléchi ; soit
dans l'élaboration de nombreux rapports sur des questions intéres-
sant l'Ordre et dont plusieurs ont été distribués (4). » M. Michaux-
Bellaire, selon son habitude, prit ses fonctions à cœur et, à la fin de
sa présidence, il put dire, sans témérité , qu'*il avait défendu les intérêts de l'Ordre et conservé le dépôt sacré des traditions profession-
nelles (5).*

La distinction accordée à M. Michaux-Bellaire était le couronne-
ment mais aussi la fin de la carrière de l'avocat. Au moment ou expi-
raient ses pouvoirs, le président était nommé conseiller à la Cour de
cassation. Réalisant un vœu souvent formé par ceux qui avaient eu
à apprécier son talent, un décret du 2 novembre 1883 l'appela à rem-
placer, au sein de la Cour suprême, M. Pont admis à faire valoir ses

(1) Le 18 juin 1878 , il avait reçu la décoration de l'ordre de Bolivar de
Venezuela.

(2) Sur cinquante votants, M. Michaux-Bellaire obtint quarante-neuf suffrages.

(3) M. Michaux-Bellaire avait été nommé membre du Conseil, pour la première
fois, de 1868 à 1871, et 2ᵉ syndic (1870-71) ; membre du Conseil, pour la deuxième
fois, de 1874 à 1877, et 1ᵉʳ syndic (1876-77) ; membre du Conseil, pour la troisième
fois, en 1879, et 1ᵉʳ syndic pour la deuxième fois (1880).

(4) Mazeau, Discours précité, p. 8.

(5) Michaux-Bellaire, *Discours à l'assemblée générale de l'Ordre des avocats au Conseil d'Etat et à la Cour de cassation, du 8 août 1883.* 1883,
p. 19.

droits à la retraite. Cette décision fut accueillie avec satisfaction :
tout le monde applaudit à ce choix portant sur un homme dont le
mérite était incontestable et dont la vie n'était que vie de travail, de
haute honorabilité.

S'il fut heureux d'un tel choix, M. Michaux-Bellaire n'abandonna pas
sans quelque peine ce grand barreau où il ne possédait que des amis
et au sein duquel il jouissait de l'autorité due à l'exercice si remarquable de sa profession pendant vingt-cinq années. A son départ de
l'Ordre, on put constater qu'arrivé par sa propre valeur aux hon-
neurs, il n'avait jamais connu de détracteurs, de même que, grâce à
la droiture de son caractère et à son affabilité, il n'avait jamais eu
d'ennemis. Dans ses nouvelles fonctions, il conserva le souci des
intérêts de l'Ordre qui l'avait compté parmi ses membres ; son suc-
cesseur à la présidence a pu dire qu' « on sentait battre toujours,
sous la robe du magistrat, le cœur de l'avocat (1). »

Les regrets de ses anciens confrères lui causèrent une joie bien
vive ; l'accueil que lui fit la Cour ne lui fut pas moins sensible. Il ne
négligea rien pour répondre à la sympathie que lui témoignaient ses
nouveaux collègues. Tous ceux qui l'ont approché à ce moment ont
constaté qu'il ne ménageait ni son temps ni sa peine ; ils savent que
chacune des affaires confiées à son examen était l'objet de recherches approfondies (les notes nombreuses que contenaient les dossiers
l'attestent), de mûres réflexions, comme aussi que son indépendance
était entière. Installé le 12 novembre 1883 à la Chambre civile,
M. Michaux-Bellaire prit rapidement sa place et son rang à la Cour
suprême, et bientôt il se fit remarquer par son érudition profonde et
par sa rare sûreté de jugement au milieu de ce grand Corps composé
de tant d'hommes distingués.

Dans ces dernières années son mérite fut attesté par une démarche
des plus flatteuses.

Tout en se tenant au courant des ouvrages nouveaux qui, de jour
en jour, augmentaient sa riche bibliothèque, tout en consentant à
donner son patronage à différentes publications juridiques, M. Michaux-
Bellaire n'avait pas beaucoup écrit. On peut seulement citer quelques
articles dans la *Revue de Droit Commercial* qu'il rédigeait avec M. Ed-
mond Dufour et quelques autres confrères (2), ou dans la *Revue*

(1) Brugnon, *Discours à l'assemblée générale de l'Ordre des avocats au Conseil d'Etat et à la Cour de cassation, du 6 août 1884.* Paris, 1885, p. 19.

(2) Dans ce recueil il a inséré un travail très important sur *Les Chèques* (t. I,
p. 3, etc.), et une note sur *L'engagement contracté par le commanditaire et le
souscripteur d'actions* (t. I, p. 117), une étude sur *Les dépenses accessoires en
cas d'avaries* (t. II, p. 1, etc.), et deux articles sur *L'endossement* (t. II, p. 101,
etc., et 279, etc.).

Générale du Droit dont il consentit, sur notre demande, à devenir l'un des directeurs en 1877 (1). Cependant, M. Michaux-Bellaire avait si bien la réputation d'un véritable jurisconsulte que les héritiers de MM. Aubry et Rau n'hésitèrent pas à lui proposer la rédaction de la cinquième édition de l'important *Cours de droit civil français* qui avait classé les deux professeurs de Strasbourg parmi les premiers civilistes de notre époque.

Cette mission était des plus honorables. Mais elle imposait un labeur particulier : il fallait mettre le livre au courant de la doctrine et de la jurisprudence, il importait en outre de tenir compte des lois nouvelles et de traiter une foule de questions soulevées depuis l'apparition de la précédente édition. Bien que fort occupé par ses fonctions, M. Michaux-Bellaire finit par accepter la tâche qui lui était offerte. Nous avons été témoin de ses hésitations, nous savons quelles étaient déterminées par sa modestie (il se demandait si l'œuvre n'était pas au-dessus de ses forces) ; elles disparurent devant la conviction qu'il rendait de la sorte hommage à ses anciens maîtres qui l'avaient honoré de leur amitié. Il se mit au travail, en appliquant sa méthode : il entassait les documents, puisait des renseignements à toutes les sources (sauf à les vérifier minutieusement), prenait des notes même à l'audience, lorsque les questions plaidées devant lui se rapportaient au droit civil ; quand tous les matériaux étaient réunis, il commençait la rédaction dans ce style concis qui distingue l'ouvrage. Ce que nous avons vu du manuscrit permet d'affirmer que MM. Aubry et Rau avaient un continuateur digne d'eux et que la nouvelle édition n'aurait été inférieure aux précé-

---

(1) Voici la liste des articles publiés dans cette *Revue* : *Notice sur la vie et les ouvrages de M. Rau* (t. I, 1877, p. 300); *Droits de douane, manifeste; Du sens du mot « valeur » dans les dispositions du décret du 4 germ. an II* (*ibid.*, p. 457); *Des différences qui existent entre les associations tontinières et les sociétés d'assurance sur la vie* (t. II, 1878, p. 5); *De la lettre de change, des billets à ordre et de la prescription*, par M. Bédarride, compte rendu (*ibid.*, p. 541); *M. Mimerel* (t. VI, 1882, p. 160) ; *Traité des assurances maritimes*, par M. Droz, compte rendu (*ibid.*, p. 273); *Traité des archives publiques*, par M. Richou, compte rendu (t. VIII, 1884, p. 370); *Traité de l'organisat. et de la compét. des conseils de préfect.*, par M. Ars. Périer, compte rendu (*ibid.*, p. 572); *Les contrats de l'État*, par M. Perriquet, compte rendu (*ibid.*, p. 574); *Code annoté de l'expropriation pour cause d'utilité publique*, par M. Crépon, compte rendu (t. IX, 1885, p. 189); *Traité des voies rurales publiques et privées et des servitudes de passage*, par M. Féraud-Giraud, compte rendu (t. X, 1886, p. 561); *Traité de l'administration des bibliothèques publiques*, par M. Richou, compte rendu (t. XI, 1887, p. 78).

En outre, M. Michaux-Bellaire a publié, à la librairie Guillaumin, une forte brochure : *Considérations sur l'abolition de l'esclavage et sur la colonisation au Brésil*, et des notices bibliographiques dans la *Gazette des Tribunaux*.

dentes, **ni** par le talent ni par l'intérêt (1). Nous faisons des vœux
pour que la mort de M. Michaux-Bellaire n'empêche pas la mise en
œuvre des documents aussi nombreux qu'importants réunis par lui;
nous désirons, en particulier, que les éditeurs donnent bientôt, avec
le nom du savant jurisconsulte, le tome deuxième complètement ter-
miné et dont il ne reste plus qu'à revoir les dernières épreuves.

La mort surprit M. Michaux-Bellaire au milieu de ces travaux
qu'interrompaient seulement la lecture et la musique dont à toutes
les époques de sa vie il avait fait son passe-temps préféré, estimant
qu'il ne sert à rien de se confiner dans une seule occupation et que
l'intelligence gagne à la diversion. Il y a plusieurs années une grave
maladie avait surgi, elle avait plongé dans l'inquiétude les collègues,
les anciens confrères, les amis; grâce à la vigueur du tempérament
le péril fut conjuré. Depuis, les craintes avaient cessé; l'avenir paraissait assuré; de longs jours semblaient réservés lorsque, le 22 août,
le savant magistrat fut foudroyé par une attaque d'apoplexie. Il
avait 63 ans. Ses obsèques ont eu lieu le 26 août. Conformément à une
disposition formelle de son testament, il n'y a eu ni piquet, ni dépu-
tations officielles; mais l'affliction des personnes présentes disait
assez que la perte était grande (2).

Après avoir retracé la carrière de l'avocat et du magistrat, faut-il
parler de l'homme? Amour du devoir, honorabilité, droiture, aménité de formes, affabilité et douceur, déférence pour les opinions
d'autrui et sûreté des relations, modestie véritable et simplicité,
gaîté communicative que sa haute situation n'avait aucunement
diminuée. Tel était le fond du caractère de M. Michaux-Bellaire.
Sera-t-il permis d'ajouter une note plus intime à celui qui a eu le
bonheur de l'avoir pour maître et pour ami, à celui qui, pour avoir
longtemps vécu à ses côtés comme secrétaire, a pu mieux que d'autres
l'apprécier dans son for intérieur? C'est que son cœur était à la hau-
teur de son intelligence. Sa physionomie qui, lorsqu'il s'animait,

---

(1) M. Michaux-Bellaire respectait le plan primitif, mais il avait soin de donner
des développements pour certaines matières indiquées trop sobrement. Il dési-
rait faire entrer, dans cette nouvelle édition, plusieurs chapitres qui manquaient,
notamment sur les assurances, sur les titres au porteur, etc. En outre, à raison
de l'importance prise par le droit international privé dans ces dernières années,
il tenait à faire une large part aux problèmes qui se rattachent à cette partie de
la législation; de plus, il paraissait disposé à accorder, en tête de l'ouvrage,
une place plus importante à l'histoire du droit.

(2) Suivant un désir exprimé bien des fois, les dépouilles mortelles reposent à
Strasbourg, dans cette patriotique Alsace qu'il aimait tant, mais dont l'annexion
lui causa tant d'angoisses, et, disons-le car nous en avons été témoin, bien des
larmes.

révélait la supériorité de l'esprit, dénotait réellement la bienveillance. Et cette bonté qu'il devait à la nature ainsi qu'à l'exemple de sa vénérable mère n'avait rien de banal; elle était profonde. Elle se manifestait des façons les plus diverses, mais toujours avec la plus exquise délicatesse. Jamais on n'y faisait un vain appel; les jeunes, en particulier, étaient l'objet de sa sollicitude; ils trouvaient auprès de lui des encouragements ou des conseils marqués au coin d'un esprit judicieux et pondéré.

La mort prématurée de M. Michaux-Bellaire causera à ses amis une véritable douleur; leurs regrets s'uniront à ceux de la Cour de cassation (1), des collègues et des anciens confrères.

(1) Dans le discours qu'il a prononcé le 16 octobre à l'audience de rentrée de la Cour de cassation, M. l'avocat général Desjardins s'est fait, en ces termes, l'interprète de la Cour suprême :

« M. Michaux-Bellaire nous était cher à plus d'un titre. Il appartenait à la plus française de nos provinces : c'est à Strasbourg qu'il était né le 12 mai 1827 ; c'est à la Faculté de Strasbourg qu'il avait enseigné le droit de 1852 à 1856; au moment même où ses yeux se fermèrent, il rendait un dernier hommage à son pays natal en préparant une nouvelle édition d'un des ouvrages qui honorent le plus l'Alsace contemporaine. Avocat à la Cour de cassation pendant vingt-six ans, il avait conquis, par l'aménité de son caractère et par la bonté de son cœur, l'affection de la magistrature et du barreau. Celui-ci l'élut président en 1882, et c'est à la tête de l'Ordre que le gouvernement alla le chercher, en 1883, pour le faire entrer dans vos rangs. Attaché, dès lors, à la Chambre civile, il fut souvent désigné comme rapporteur dans les affaires maritimes et s'acquitta de cette tâche avec un discernement remarquable; je n'oublierai jamais ces conférences dans lesquelles, partant quelquefois de points opposés, nous combinions nos efforts et nous arrivions, le plus souvent, à nous rencontrer dans une pensée commune. Me sera-t-il permis d'ajouter que M. Michaux-Bellaire, auteur de *Considérations sur l'abolition de l'esclavage et sur la colonisation au Brésil*, faisait des vœux pour l'abolition de la traite et m'approuvait de songer à vous en entretenir? J'ambitionnais son suffrage et j'étais loin de prévoir qu'il ne me serait donné de l'obtenir. »